Phil Bosmans

VERGISS
die
Freude
NICHT

HERDER

FREIBURG · BASEL · WIEN

Bund ohne Namen
von Phil Bosmans gegründet
für mehr Herz in dieser Welt

Bund ohne Namen e.V.
Postfach 154
D-79001 Freiburg
www.bund-ohne-namen.de
www.phil-bosmans.de

VORWORT

Viele Menschen haben mich angerufen. In ihren
Fragen war etwas wie eine Klage und eine Bitte an
den unsichtbaren Unbekannten. Denen, die anrufen,
kann ich im Grunde immer nur dasselbe sagen wie ein
dummer Prophet, der in den Wind sät, der nicht
weiß, wo der Acker liegt, immer denselben Samen,
der auch ihm von anderen in die Hand gelegt wurde.

Ich bin nur ein kleiner Kobold, der dir in den Ohren
liegt, wenn du an deinem Tisch sitzt, zum Essen, bei
Besprechungen, hinter deiner Zeitung, vor deinem
Fernseher, wenn die Götter von heute dir den Kopf
verdrehen. Ein kleiner Kobold, der dir in den Ohren
liegt mit der stummen Frage nach dem Herzen.

So viel weiß ich aber:

DAS ALLES KANN EIN WORT WERDEN:
EINE GEBURT VON NEUEM LEBEN,
EIN STÜCK BROT FÜR EINEN NEUEN ANFANG,
EIN STERN, DER VOM HIMMEL FÄLLT.
WENN EIN WORT DAS HERZ ERREICHT,
WIRD DAS HERZ VERWANDELT.

NIMM DIR ZEIT,
UM GLÜCKLICH ZU SEIN:
HEUTE!

INHALT

HEUTE LEBEN!

Weißt du, dass du ein Wunder bist?
Ein Wunder, das lebt, das es wirklich gibt?
Du bist einmalig, einzigartig,
nicht zu verwechseln.
Weißt du das?

Warum staunst du nicht, warum freust du dich nicht
über dich selbst und über alle anderen Menschen
um dich? Oder ist es für dich selbstverständlich,
und du findest nichts dabei, dass du lebst,
dass du leben darfst, dass du Zeit bekommst,
um zu singen und zu tanzen,
Zeit, um glücklich zu sein?
Warum denn Zeit verlieren mit der Jagd nach immer
mehr Geld? Warum sich endlos Sorgen machen um Dinge
von morgen und übermorgen?
Warum so giftig und gereizt, warum so schlecht gelaunt?
Warum so viel Hektik und warum schlafen, wenn die
Sonne scheint?
Mach dein Herz frei von tausendundeiner
Nichtigkeit. Davon lass deine Lebensfreude
nicht abhängig sein.

NIMM DIR RUHIG ZEIT,
UM GLÜCKLICH ZU SEIN:
HEUTE!

ZEIT IST KEINE SCHNELLSTRAßE
ZWISCHEN WIEGE UND GRAB,
SONDERN PLATZ ZUM PARKEN
IN DER SONNE.

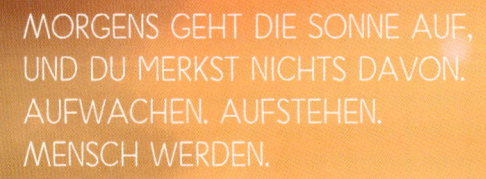

MORGENS GEHT DIE SONNE AUF,
UND DU MERKST NICHTS DAVON.
AUFWACHEN. AUFSTEHEN.
MENSCH WERDEN.

AUFWACHEN

Jeden Morgen dankbar sein für den neuen Tag.
Oder haben wir Angst vor dem Leben? Fällt es
uns zu schwer? Fallen wir abends ins Bett mit dem
Seufzer: »Gott sei Dank, der Tag ist vorbei«?

Oder langweilen wir uns zu Tode? Vielleicht kommt
uns alles sinnlos vor. Vielleicht sind wir süchtig nach
Spiel, Spaß und Spektakel, die doch nie befriedigen.

Du bist kein Mensch mehr, wenn das Hightech-
Zeitalter dich zu einem Roboter gemacht hat.
Er muss nur gut funktionieren, und so musst du
nur viel produzieren und profitieren und dann
möglichst viel konsumieren und dich zu Tode
amüsieren.
Es blühen keine Blumen mehr für dich.
Es spielen keine Kinder mehr für dich.
Es lachen keine Menschen mehr.

Du bist tot, weil in deinem Herzen die Liebe
gestorben ist. Du suchst das Glück, wo es
nicht zu finden ist: in toten Dingen, die ein
wunderschönes Leben versprechen. Lauter
leere Versprechungen.

GEH IN DICH HINEIN

Stundenlang kannst du am Computer spielen.
Zum Kleiderkaufen hast du Zeit genug.
Wenn es um die Frisur geht, unter der
Trockenhaube wirst du nicht nervös.

Warum nimmst du dir so wenig Zeit,
um für dein Herz zu sorgen?
Wenn du einzig und allein an der Oberfläche lebst,
wenn dich nur das Äußere interessiert,
dein Aussehen und dein Ansehen,
dann hängt dein Glück an einem launischen Pendel:
heute glücklich, morgen unglücklich,
heute in Stimmung, morgen verzweifelt.

GEH IN DICH HINEIN.
TU WAS FÜR DEIN INNERES,
FÜR DIE INNENEINRICHTUNG
DEINES HERZENS.

Da sind die Stimmungen, die treibenden
Kräfte zu Hause, die dich verwirren oder
überglücklich machen.

NICHTS IST OHNE SINN

Meine Augen sind da für das Licht, für das Grün
des Frühlings, für das Weiß des Schnees, für das
Grau der Wolken und das Blau des Himmels,
für die Sterne in der Nacht und für das unglaubliche
Wunder, dass es so viele wunderbare Menschen
um mich gibt.

Mein Mund ist da für ein liebes Wort, auf das ein
anderer wartet. Meine Lippen sind da für einen Kuss,
und meine Hände, um zärtlich und sanft zu sein,
um Leidenden zu helfen. Meine Füße sind da,
um zum Nächsten zu gehen. Und mein Herz ist da,
um Menschen, die in Einsamkeit und Kälte leben,
Nähe, Wärme und Liebe zu schenken.

Ohne Leib bin ich nirgends. Ohne Sinn ist nichts.
Alles hat seine tiefe Bedeutung.

Warum bin ich dann nicht glücklich?
Sind meine Augen blind?
Sind meine Hände ohne Feingefühl?
Oder ist mein Herz ausgetrocknet?

WEIß ICH DENN NICHT,
DASS ICH FÜR DIE FREUDE GEMACHT BIN?

DIE EINFACHEN DINGE
DES LEBENS

Briefe, Anrufe, Gespräche versetzen mich in den
Dschungel, in dem Menschen sich gegenseitig
erniedrigen, quälen, zur Verzweiflung bringen.
Hier triumphieren die unmenschlichen Instinkte
des Menschen: Gier, Egoismus, Machtmissbrauch,
Triebhaftigkeit, Heuchelei, Gewalt.

Wenn ich dann ohnmächtig bei den Opfern sitze,
die am Ende ihrer Kräfte sind und mit ihrem Leben
Schluss machen wollen, dann möchte ich in diesen
Dschungel schreien: Zurück, Menschen, zurück zum
einfachen Leben! Zurück zur Güte, Freundschaft,
Zufriedenheit!

ZURÜCK ZU DEN EINFACHEN DINGEN
DES LEBENS!

WAS REICH MACHT
UND GLÜCKLICH

Kannst du dich an einer Blume freuen, an einem Lächeln, am Spiel eines Kindes, dann bist du reicher und glücklicher als ein Millionär, der alles hat, was er sich nur wünschen kann, und der doch unbefriedigt bleibt und an nichts mehr Freude hat, weil er schon alles kennt und alles erlebt hat.

Liebe darf man nicht mit der Goldwaage abwiegen! Nicht vorher ausrechnen, wie viel man geben soll, wie weit man gehen soll mit der Liebe. Lass deine Liebe ungezwungen sein. Liebe, die man misst und wiegt, ist keine Liebe, sondern Berechnung. Mit solcher Liebe wirst du nicht glücklich. Die Tage vergehen eintönig wie eine endlose Bahnfahrt. Niemals wird es warm in deinem Innern.

Spontane Liebe ist etwas Fantastisches. Spontane Liebe zu deinem Partner, zu deinen Angehörigen, zu einem einsamen Kind auf der Straße, zu einem Menschen, der leidet, zu einem, der am Rande der Gesellschaft lebt. Spontane Liebe ist eine Gabe, die dich in den Himmel der Freude bringt.

NICHT BESITZ MACHT REICH,
SONDERN DIE FREUDE DER LIEBE.

VONEINANDER ABHÄNGIG

In unsere Menschenwelt ist Kälte eingebrochen.
Menschen leben wie erstarrt vor Kälte. Einsam
wie in einer Wüste. Allein im Menschengewimmel
der Einkaufsstraßen und Supermärkte, der Bahnen
und Busse und Hochhäuser. Überall Menschen
ohne Gesicht, ohne Herz.

Wir Menschen sind voneinander abhängig, was
unser tägliches Brot angeht, Kleidung, Wohnung,
Arbeit und Erholung, abhängig bei allem,
was man kaufen kann.

Doch viel mehr sind wir voneinander abhängig,
was unser Glück angeht. Und hier ist mit Geld
nichts zu machen.

GLÜCK HAT MIT DEM HERZEN ZU TUN,
MIT DER LIEBE,
UND DIE GIBT ES NUR UMSONST.

DEN PULS DES HERZENS FÜHLEN

Wenn du mal fünf Minuten Zeit hast, weißt du, was du dann tun musst? Mal nachdenken! Mal für Ruhe sorgen um dich herum. Radio abstellen, Fernseher ausmachen, Zeitung weglegen.

Mach dich frei von den Zwängen der Erlebnisgesellschaft, die dich um Freiheit und Geist bringt. Du musst wissen, wie weit sie schon abgestorben sind, verendet im Würgegriff von Geld, Konsum, Profit, beerdigt im Massengrab der Meinungen.

Du bist empört über das Elend in der Welt? Die Menschen in Not haben nichts von tatenloser Empörung. Sie werden davon angeekelt, weil sie wissen: Du ertrinkst am Überfluss dessen, was sie so bitter entbehren. Sie werden dich erst wieder ernst nehmen, wenn der Puls deines Herzens richtig schlägt, wenn das Profit- und Konsumfieber herunter ist.

ICH WEISS ETWAS GEGEN DIESES FIEBER, VIELLEICHT DAS EINZIGE MITTEL, DAS HILFT: MUT ZU VERZICHT UND MASS.

RUHE SCHAFFEN, STILL WERDEN,
DAS INNEN MIT SCHWEIGEN FÜLLEN,
DEN PULS DES EIGENEN HERZENS FÜHLEN.

DAS WAHRE MAß

Mehr als mit dem Verstand denkst du
mit dem Herzen. Du siehst die Menschen
und die Dinge mit dem Herzen. Alles siehst du
mit dem Herzen. Was dein Herz mag, dafür
wirst du dich einsetzen mit ganzem Kopf und
aller Kraft. Lebensziele, Weltanschauung:
Dein Herz wählt, wofür du kämpfst. Das Herz
macht den Verstand hell oder finster.

DAS WAHRE MAß DES HERZENS HEIßT: LIEBE.

Ist das Herz voll von Misstrauen und Egoismus,
dann findet der Verstand niemals einen Weg
zum Frieden. Die Leute lieben sich nicht,
und dann werden sie sich auch nicht einig.
Alles, was sie erreichen: ein labiles Gleichgewicht
der Machtinteressen, gestützt auf gegenseitiges
Misstrauen. Friede, Freude, Glück in der Welt –
das sind keine Geschäfte des Verstandes,
das ist Sache des Herzens.

Alles ist im Grunde faul, ist das Herz der
Menschen nicht gesund.

DIE ERSTE AUFGABE FÜR ALLE MENSCHEN: KÜMMERE DICH UMS HERZ!

TU ETWAS FÜR DEIN GESICHT

Vergiss nicht, dass dein Gesicht für andere
bestimmt ist, dass andere es anschauen müssen
und dass nichts so auf die Nerven geht wie ein
chronisch schlechtgelauntes Gesicht.

Tu etwas für dein Gesicht. Nicht nur deinetwegen,
um dich selbst im Spiegel schön zu finden,
sondern vor allem wegen der anderen. Die beste
Gesichtspflege heißt nicht: Hautcreme einreiben,
Augenbrauen nachziehen, Wimperntusche
auftragen, Lidschatten anbringen.

Tu etwas für dein Gesicht von innen. Lass deine
Güte durchscheinen, lege Fröhlichkeit in deine
Augen, entspanne deinen Mund zu einem
Lächeln … Ein freundliches Gesicht machen.

Das geht, wenn du Hausputz hältst, Hausputz
des Herzens. Unnötige Sorgen ausfegen, Nörgelei
und überflüssige Kritik entsorgen. Hör auf, den
täglichen Ärger mit finsterer Miene wiederzukäuen.

ZEIGE DEIN SCHÖNSTES, DEIN FREUNDLICHSTES
GESICHT, UND ES WIRD NICHT SCHWERFALLEN,
DICH GERN ZU HABEN.

OHNE LACHEN LÄSST SICH NICHT LEBEN

Lachen ist gesund. Du hast Lachen nötig.
Humor ist gesund. Ob du an diese Seite deiner
Gesundheit wohl genug denkst?

Mit deinen Sorgen machst du dir Falten in dein
Herz, und schnell hast du dann auch Falten
im Gesicht. Lachen befreit. Humor entspannt.
Lachen kann dich erlösen vom falschen Ernst.
Lachen ist die beste Kosmetik fürs Äußere und
die beste Medizin fürs Innere.

Regelmäßig die Lachmuskeln betätigen – das ist
gut für die Verdauung, der Appetit kommt in Gang,
der Blutdruck bleibt stabil. Humor gibt dir ein Ge-
spür für die Dinge, wie viel Gewicht ihnen zukommt.
Lachen und Humor wirken sich aus nicht nur auf
deinen Stoffwechsel, sondern auch auf deine
Umgebung. Lachen und Humor entlasten. Sie
verringern Spannungen und Tränen. Sie befreien
vom erdrückenden Ernst der bleiernen Probleme,
von der erstickenden Luft des Alltags.

WAS IST EIN VERLORENER TAG?
EIN TAG, AN DEM DU NICHT
GELACHT HAST!

DAS GLÜCK – SO NAHE

Wenn ich beim Klagen alle Register ziehe,
geht es mit mir immer tiefer bergab.
Mit schwarzen Gedanken zieht das Unglück über
meinem Kopf immer dichter zusammen.

Ich muss heute leben, Vergangenes sein lassen –
daran kann ich doch nichts ändern.
Nur ein Guckloch offen halten für die schönen
Erinnerungen und nicht sorgenvoll an morgen
denken.

Was habe ich heute in Händen? Meine Gesundheit.
Die Sonne am Himmel. Zu essen und zu trinken.
Ein Kind, das mich anlacht. Eine Blume daheim.

Vielleicht suche ich das Glück viel zu weit weg.
Es ist wie mit der Brille. Ich sehe sie nicht.
Und dabei sitzt sie mir auf der Nase. So nahe!

LEBENSLOTTERIE

Das Leben ist wie eine Lotterie, meinen viele
Leute, sie hätten nur nicht das richtige Los
gezogen. Sie sind überzeugt – was noch schlimmer
ist –, der Nachbar, der fröhliche, der mehr feiert,
der hätte das viel bessere Los bekommen.
Doch so ganz verschieden sind die Lose nicht.
Der Unterschied liegt im Wie, wie man es ansieht,
wie man es annimmt. Und das liegt bei einem
jeden selbst.

Ich habe viele Menschen getroffen, jeder anders,
alle verschieden. Ich habe auf ihre tiefsten
Geheimnisse gehört. Keiner war dabei mit dem
großen Los, dem makellosen Glück. Irgendetwas
hatten alle, ein Missgeschick, eine Last, eine Wunde.
Die Gläubigen nennen es: Kreuz. Die anderen
sagen dazu: Ich habe kein Glück. Manche waren
dabei, die sind bei allem Leid doch glückliche,
fröhliche Menschen geblieben. Andere resignierten,
wenn es schwierig wurde, wenn etwas schiefging.
Oft hatten sie genau das Gleiche durchgemacht;
heraus kam ganz Verschiedenes.

DAS LEBEN IST WIE EINE LOTTERIE.
ABER DA LÄSST SICH VIEL MACHEN
VON UNS SELBER.

IM RHYTHMUS DES MEERES

Seltsames, unbegreifliches Menschenleben.
Jahr um Jahr, Tag um Tag bewegst du dich
zwischen Menschen und Dingen.

Es gibt Tage, da scheint die Sonne, und du weißt
nicht warum. Du bist zufrieden. Du siehst die guten,
schönen Seiten des Lebens. Du lachst, du bist dankbar,
du möchtest vor Freude springen. Die Arbeit geht
dir von der Hand. Alle sind freundlich zu dir.

Du weißt nicht warum. Vielleicht hast du gut
geschlafen. Vielleicht hast du einen guten Menschen
gefunden und fühlst dich verstanden. Du denkst:
So soll es bleiben, dieser Friede, diese tiefe Freude.

Doch auf einmal ist alles anders. Als ob eine überhelle
Sonne die Wolken anzieht – derart fällt Trauer
über dich, unerklärlich. Dir erscheint alles schwarz.
Dir fällt alles schwer. Du traust dir nichts mehr zu
und verlierst allen Mut. Du denkst, alle anderen
mögen dich nicht mehr und halten nichts mehr von

dir. Überall findest du Gründe, um zu klagen und
anzuklagen. Du denkst: So wird es immer weitergehen,
dieser Zustand wird sich nicht mehr ändern.
Und du weißt nicht warum. Vielleicht bist du müde.
Du weißt es nicht.
Warum muss das so sein? Weil ein Mensch ein Stück
Natur ist, mit Frühlingstagen und Herbsttagen, mit
der Wärme des Sommers und der Kälte des Winters.

WEIL DER MENSCH DEM RHYTHMUS DES MEERES FOLGT: EBBE UND FLUT.

Weil unser Dasein eine ständige Wiederholung
ist von Leben und Sterben. Wenn du das begreifst,
kannst du wieder weiter mit Mut und voller
Vertrauen, denn dann weißt du: Auf jede Nacht folgt
ein neuer Morgen. Wenn du Ja sagst zum Rhythmus
des Lebens, wenn du das annimmst, wirst du durch
dieses Auf und Ab zu immer größerer Lebenstiefe
und Lebensfreude finden.

DIE KUNST DES LEBENS

Ich liebe die Menschen, die um mich leben.
Ich liebe die Freude, so kommt die Freude zu mir.
Ich liebe die Freundschaft, so pflücke ich Sterne.
Und so ist mein Tag voller Seligkeit.
Ich brauche nichts zu besitzen,
um an allem Freude zu haben.
Die Kunst des Lebens ist, dieses zu sehen:

ES LIEGT IN ALLEN DINGEN EINE ERINNERUNG
AN DAS VERLORENE PARADIES.

HIMMEL AUF ERDEN

Ich weiß, dass es nicht leicht ist,
in den Himmel zu kommen.
Aber ich weiß auch genau,
dass es unmöglich ist, wenn der
Himmel nicht zu uns kommt.

Der Himmel beginnt auf Erden, überall dort,
wo Menschen zu Freunden werden,
wo Freundlichkeit und Güte herrschen,
wo Freude miteinander geteilt wird.

Aber es gibt an jedem Himmel Wolken.
Ich bin nicht ständig in Stimmung.
Freundschaften verkümmern, sie werden
wie getrocknete Pflaumen.
Das muss mich nicht traurig machen.
Das ist kein unlösbares Problem.
Ich gieße Wasser drauf,
und sie quellen wieder auf.

LEBEN IST EIN AUFREGENDES ABENTEUER
MIT GOTT UND MIT DEN MENSCHEN
IN EINER WELT VON LICHT UND FINSTERNIS.

IM REGEN PFEIFEN

Wie kommt es, dass manche Menschen
beim schönsten Sonnenschein
ein finsteres Gesicht machen und
dass andere im Regen pfeifen können?
Wie kommt es, dass manche Menschen
immer nur schlimme Sachen sehen,
sobald sie nur die Augen aufmachen?
Vielleicht kommt ihnen alles sinnlos vor,
vielleicht suchen sie den Sinn des Lebens,
wo er nicht zu finden ist.
Sie brauchen kein höheres Wesen,
ohne Gesicht, irgendwo weit weg.
Sie brauchen einen Gott,
der ihr persönlicher Freund ist,
den Vater, ganz in ihrer Nähe.
Im innigen Umgang mit Gott bekommen
die Menschen andere Augen für die Dinge
und jeden Morgen ein neues Herz.

VERGISS
DIE SCHÖNEN TAGE NICHT

Wenn du müde bist, wenn du mit der Umgebung
Krach hast, wenn du keinen Rat mehr weißt,
wenn du dich todunglücklich fühlst, dann denke
an die schönen Tage, als du dich wohlfühltest,
als du fröhlich und zu jedem freundlich warst,
ohne Sorgen wie ein Kind.

Wenn alles finster ist, wenn sich alle Hoffnungen auf
Besserung zerschlagen haben, wenn du ganz ratlos
und mutlos bist, dann suche sorgsam die schönen
Tage in deiner Erinnerung auf. Die Tage, da alles gut
war und kein Wölkchen am Himmel, da es Menschen
gab, bei denen du dich zu Hause fühltest, von denen
du einst begeistert warst und jetzt vielleicht maßlos
enttäuscht bist.

VERGISS DIE SCHÖNEN TAGE NICHT!
DENN WENN DU SIE VERGISST,
DANN KOMMEN SIE NIE WIEDER.

VERSÖHNE DICH
MIT DEM LEBEN

Um ein bisschen glücklich zu sein, ein bisschen
Himmel auf Erden zu haben, musst du dich mit
dem Leben versöhnen, mit deinem eigenen Leben,
wie es nun einmal ist.

Du musst Frieden machen mit deiner Arbeit, mit den
Menschen in deiner Nähe, mit ihren Fehlern und
Schwächen. Du musst froh sein mit deinem Mann,
mit deiner Frau, auch wenn du jetzt vielleicht weißt,
dass du nicht den idealen Mann, nicht die ideale Frau
getroffen hast (glaube nicht, dass es so etwas gibt).
Du musst Frieden machen mit den Grenzen deines
Kontos, mit deinem Gesicht, das du dir nicht ausge-
sucht hast, mit den Bedingungen deines Lebens,
auch wenn es der Nachbar viel besser hat (als du –
meinst du).

VERSÖHNE DICH MIT DEM LEBEN.
DU STECKST IN DEINER EIGENEN HAUT,
IN EINER ANDEREN HAUT KANNST
DU NICHT MEHR GEBOREN WERDEN.

44

Manchmal kann das Leben grausam zu Menschen
sein. Arthur Miller schreibt in einem seiner
Theaterstücke von einem Traum.
Jemand träumt, das eigene Leben sei sein Kind,
ein furchtbar entstelltes Kind: »Ich lief weg.
Aber es kroch immer wieder auf meinen Schoß.
Es zog an meinen Kleidern. Bis ich dachte:
Wenn ich es küssen kann, kann ich vielleicht
schlafen. Und ich beugte meinen Kopf über
das entstellte Gesicht – es war grauenhaft …
aber ich küsste es.«

Ja, ich glaube, dass du letzten Endes dein Leben
in deine Arme nehmen musst, dein Leben,
so wie es ist, es hinnehmen, wie schwer und
hart es auch ist. Wenn du es einmal geküsst hast,
wird es anders, erträglicher.

Mach dir keine Illusionen. Das Lebensglück ist keine
durchgehende Vorstellung. Das große Glück kommt
und geht und dauert meistens nicht lange. In der übri-
gen Zeit heißt es: daran denken und darauf warten.

FÄLLT DIR DAS
LEBEN EINMAL ZU
SCHWER,
MACH ES EIN WENIG
WIE EIN CLOWN.
ER WEINT IN SEINEM
HERZEN,
UND DENNOCH
SPIELT ER LACHEND
FÜR EIN KIND AUF
DER GEIGE,
UM SO VON DEN
TRÄNEN SEINES
HERZENS GEHEILT
ZU WERDEN.

VERSÖHNE DICH MIT DEM LEBEN.
UMARME DEIN LEBEN.
NIMM ES, WIE ES IST, HEUTE.
UM DAS GLÜCK,
DAS AUF DICH WARTET,
NICHT ZU VERFEHLEN.

IN JEDEM MENSCHENLEBEN

Früher oder später stößt du mit deinem Kopf
gegen den hässlichen Querbalken,
der dein Leben zu einem Kreuz macht.

Du wirst krank. Du verunglückst.
Ein geliebter Mensch stirbt.
Dein Berufsweg wird durchkreuzt.
Du wirst betrogen, im Stich gelassen
vom eigenen Mann, von der eigenen Frau.
Man arbeitet gegen dich. Man macht dich fertig.
Du kannst nicht mehr.

Dieser Querbalken kann alle Formen und Ausmaße
annehmen. Er schaut nicht auf Titel und Position,
auf Name und Stand, nicht auf die Größe deines
Kontos noch auf deine Beziehungen oder dein
Ansehen bei den Menschen.

Du bist glücklich, alles läuft wunderbar.
Und plötzlich ist er da, der schreckliche Querbalken.
Er kann dir so unerträglich werden,
dass du verzweifelt den Tod herbeisehnst.

Das Kreuz ist eine Realität in jedem Menschenleben.
Aber immer weniger Menschen sind ihm gewachsen.
Sie nehmen es nicht mehr hin und ertragen nicht
seine Last. Aber du hast keine Wahl. Du trägst dein
Kreuz, oder es wird dich erdrücken. Aber du kannst
es nur tragen, wenn du den verborgenen Sinn des
Kreuzes begreifen lernst.

Das Kreuz bringt dich zurück zur Wahrheit über
dich selbst, zum wahren Maß eines begrenzten,
schwachen, verwundbaren, kleinen Menschenkindes.
Das Kreuz kann dich von den Dingen befreien, die dich
zu ersticken drohen. Es kann dich lösen aus deiner
Mittelmäßigkeit. Es ist wie eine Antenne, mit der du
eine Nachricht von Gott empfangen kannst.
Sie wird dich nicht von deinem Leiden erlösen, aber
von der unerträglichen Sinnlosigkeit des Leidens,
von seiner Unfruchtbarkeit.
Du kannst wieder Mensch sein.

DU SIEHST ALLES ANDERS UND VIEL BESSER
MIT AUGEN, DIE GEWEINT HABEN.

DA MUSS MAN DURCH

Beim kleinsten Schmerz ein Schmerzmittel,
jeden Abend ein Schlafmittel, bei trüben
Gedanken ein Aufmunterungsmittel.

Du bist hoffnungslos verwöhnt.
Aus allem machst du ein Problem.
Die kleinste Schwierigkeit,
und du bist mit den Nerven fertig.
Probleme müssen gelöst werden.
Probleme, die du verdrängst,
fangen an zu faulen.

Aber es gibt eine Menge Schwierigkeiten,
die gehören dazu: zum Leben, zum Beruf,
zur Ehe, zur Partnerschaft, zur Erziehung,
zum Reifwerden, zum Zusammenleben.
Die musst du hinnehmen, da musst du durch,
mutig, tapfer, ohne Diskussion.

Flüchtest du vor ihnen, werden sie dich verfolgen,
werden sie dir schwer im Magen liegen.

Du kannst aus deinem Leben das Kreuz nicht
streichen, ohne von ihm erdrückt zu werden.

EINSAMKEIT

Du kannst allein sein, ohne einsam zu sein.
Und du kannst verheiratet sein und mit tausend
Menschen zusammenkommen und dich dennoch
schrecklich einsam fühlen. Einsamkeit ist ein
inneres Leiden. Das heilt nicht, indem Menschen
in Hochhäusern, Supermärkten, Verkehrsmitteln
zu Hunderten äußerlich zusammen sind. Gerade dort
wird Einsamkeit noch belastender erfahren.

Eine Hauptwurzel der Einsamkeit, unter der so viele
heute leiden, ist die innere Leere. Ein erfülltes Leben
ist nur in Geborgenheit und echter Liebe möglich.
Im Maße, wie man sein Herz an materielle Dinge
verkauft, scheint man zu solcher Liebe unfähig zu
werden. Man hat Angst vor der Stille, vor der Hin-
wendung zum tiefsten Grund und letzten Ziel des
Lebens. Man ist nirgends mehr zu Hause.

SICH GOTT ZUWENDEN WIE ZU EINER
LIEBEVOLLEN MUTTER, EINEM GÜTIGEN
VATER, IN DESSEN HAND UND HERZ
UNSERE NAMEN STEHEN, KANN HIER
WUNDER WIRKEN.

ARM SEIN

Du weißt nicht, was das ist: arm sein wie Millionen in den armen Ländern.

Du weißt nicht, was das ist. Reiß dein Haus ab und bau eine Hütte aus Blech, Lehm oder Presspappe. Ein Schlafzimmer gibt es nicht und ganz bestimmt keine Hausbar. Statt Sessel Kisten. Auto abschaffen. Mach den Strom weg, das Telefon, das Gas und die Wasserleitung. Zeitung, Stereoanlage, Kühlschrank, Kühltruhe – auch das kommt weg. Gute Kleidung gibt es nicht mehr. Wenn du krank wirst, ist kein Arzt da, keine Apotheke und kein Krankenhaus.

Wenn du so arm bist, wirst du dann die lieben, die alles im Überfluss haben und nicht teilen wollen? Du wirst lernen, die Reichen zu hassen. Ich fürchte, das geschieht in vielen Ländern.

EIN BILD AUS EINEM REICHEN LAND

Tagesschau, abends im Fernsehen. Ein Bild trifft mich wie ein Schlag. Ein Bild mitten unter den gewohnten Bildern von Katastrophen, Krieg und Konferenzen, kurz vor den Sportnachrichten. Ein Bild, ganz kurz, aus einem reichen Land mit einem sicheren sozialen Netz, durch das für jeden gesorgt ist von der Wiege bis zum Grabe.

Ich sah: Ein alter Mann lag auf dem Bürgersteig. Ich sah: Menschen gingen an ihm vorbei. Ein Reporter sagte, der Mann habe Stunden da gelegen. Keiner hat sich nach ihm umgesehen. Schließlich kam die Polizei. Der Mann war tot.

Hat keiner gesehen, dass der Mann hinfiel? Warum hat ihm keiner aufgeholfen? Das ist in aller Öffentlichkeit Mord aus Gleichgültigkeit. Oder war dieser Mensch für seine Mitmenschen schon lange tot?

Da starb ein Mensch, einsam und allein in der Stadt. Die anderen Menschen hatten ihn schon längst begraben.

NOVEMBER

Der Friedhof voll weißer Chrysanthemen.
Der Tod in Weiß. Einen Augenblick lang sind die
Toten und die Lebenden zusammen an demselben
Ort. Sie suchen einander, sie denken aneinander
und können einander nicht erreichen. Irgendwo
eine entsetzliche Ohnmacht, eine unheimliche
Auseinandersetzung.

Mit einem Mal denke ich an meinen eigenen Tod,
ein wenig zaghaft und beklommen. Angst vor
dem Tod und Freude am Leben – beides so dicht
beieinander. Der Tod ist der rücksichtslose
Spielverderber, der alle Lust verdirbt, der alle
Sicherheiten in Frage stellt und das Organ ver-
schließt, mit dem ich meine Lebensfreude einatme.

Keiner weiß Rat mit dem Tod. Auch die Wissenschaft
nicht. Man schweigt, man vergisst. Das alltägliche
Leben geht schnell weiter, wenn der Leichenzug
vorüber ist. Und doch darf ich den Gedanken an den
Tod nicht einfach zu den Akten legen und denken:
Das hat noch viel Zeit. Das wäre Vogelstrauß-Politik.
Verdrängen ist keine Antwort. Alles läuft letztlich auf
die Frage hinaus: Ist der Tod das Ende oder nicht?

Wenn der Tod das Ende ist, dann ist mein Sterben
eine vernichtende Hinrichtung. Wenn der Tod nicht
das Ende ist, dann bekommt er eine unermesslich
neue Dimension.

Der Tod, dieser kritische Moment meines Lebens,
durch den ich hindurch muss, mutterseelenallein,
stellt mich vor die Frage: Alles oder nichts?
Mein Leben: Sinn oder Unsinn?
Gott oder unendliche Leere?

Wenn sich schon das Rätsel meines eigenen Lebens,
mein unverwechselbares Ich, nicht lösen lässt mit
den Mitteln der Biologie, der Chemie oder Physik,
dann finde ich auch auf Gottes Geheimnis keine
Antwort mit dem Denken der Naturwissenschaften.

DAS GEHEIMNIS VON LEBEN UND TOD HÄNGT
ZUSAMMEN MIT DEM GEHEIMNIS VON GOTT.

ICH HALTE IN MEINEN HÄNDEN NUR EINS,
UND DAS IST DIE HOFFNUNG.
BIS ZU MEINEM LETZTEN ATEMZUG
GIBT MIR DIE HOFFNUNG
FREUDE AM LEBEN.

WARUM?

»Eben hatte ich ihm noch eine Tasse Kaffee
ans Bett gebracht«, sagt die Frau, »er fühlte
sich wohler. Als ich zurückkam, war er tot. –
Und er war noch so jung!«

Tag um Tag, Stunde um Stunde, in Dörfern
und Städten, in großen und in kleinen Straßen,
in Krankenhäusern und Altenheimen, in Herren-
sitzen und Hinterzimmern oder irgendwo am
Straßenrand: Menschen, die in tiefster Not
ihr Gesicht in den Händen vergraben, vom Leid
überwältigt, fassungslos weinen über den
unerbittlichen Tod.

Warum so viel Schmerzen? An wen wende ich
die Frage? An die Wissenschaft? Sie weiß so
viel, und bis ins kleinste wird sie die Ursachen
meines Leidens und Sterbens erörtern.
Aber was fange ich mit einer solchen Antwort an?

Wenn ich an die Toten denke und an meinen eigenen
Tod und an die Leiden der Unschuldigen, dann
renne ich an Rätsel, stoße ich mit dem Geheimnis
zusammen. Dann kann ich mir vornehmen, zu
vergessen oder nicht weiterzudenken oder so zu tun
als ob. Aber solange ich bei Verstand bin und ein
Herz habe, wird es mir nachgehen. Und wenn dann

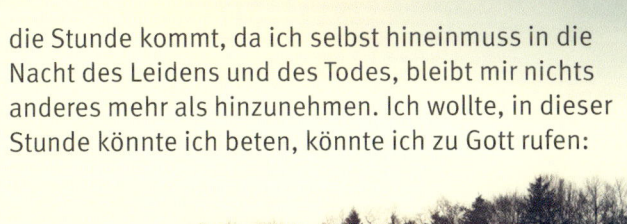

die Stunde kommt, da ich selbst hineinmuss in die Nacht des Leidens und des Todes, bleibt mir nichts anderes mehr als hinzunehmen. Ich wollte, in dieser Stunde könnte ich beten, könnte ich zu Gott rufen:

WARUM HAST DU DIE SONNEN GELÖSCHT, DIE DU SELBST ENTZÜNDET HAST?

Und ich bin sicher, dann werde ich mit dem Herzen Dinge erfahren, die ich mit dem Verstand nicht erklären kann. Gott ist Liebe. Er hält zu mir. Er hält mich fest. Ich soll sterben, um auf immer zu leben in einer unvergänglichen Liebe.

SEI SANFT

Du weißt, wie klein, wie arm, wie einsam die
Menschen sind, wie empfindlich und verletzlich.
Du weißt, dass es Tränen gibt, und keiner kann
trösten. Du weißt, es gibt kaum größere Traurigkeit
als in einem Herzen, das keiner versteht.
Du weißt, für manche Menschen ist das Leben
eine unerträgliche Qual.

Sei sanft! Tu dein Bestes, um die Menschen
zu begreifen, um zu helfen. Geh hinein in ihr
Leid, in ihre Verlassenheit. Steig herab von dem
Hügel deiner Selbstgenügsamkeit ins Tal der
Menschen, die allein sind und die leiden, zu den
Menschen in der Ebene ohne Schutz und ohne
Geborgenheit. Sei nicht hart, sei auch nicht hart
In deinem Urteil.

Sei sanft! Suche in den oft so törichten Leiden-
schaften der Menschen ihr Heimweh nach Glück
zu verstehen. Dann wirst du selbst glücklich sein.
Dann kommen in deine eigene Einsamkeit und
Schwachheit wunderbare Augenblicke, die dich
herausheben aus dem täglichen Trott des Lebens.
Du wirst ein Herz haben, das alle Menschen in die
Arme schließt. In der Sanftmut liegt der unendliche
Trost für alle Menschen, die in unserer frostigen
Gesellschaft frieren.

VON ZEIT ZU ZEIT MUSST
DU LERNEN, BLIND ZU FLIEGEN
WIE PILOTEN IM NEBEL.
DU WEISST, WAS DU GEWÖHNLICH
ZU TUN HAST.

TU ES BLINDLINGS. OHNE ZU DENKEN.
OHNE ZU GRÜBELN. VERTRAU DER FÜHRUNG
EINES ANDEREN. HAB GEDULD –
AUCH MIT DIR SELBST.

TROST

Ohne Trost kannst du nicht leben. Trost
sind aber nicht Alkohol, Tabletten, Drogen,
die dich vorübergehend betäuben und
dann in eine noch schwärzere Nacht stürzen.
Trost hat auch nichts zu tun mit einer Flut
von Worten.

Trost ist wie eine lindernde Salbe auf einer
Wunde. Trost ist wie eine Oase in einer
unbarmherzigen Wüste, du kannst wieder
glauben, dass das Leben weitergeht.

TROST IST WIE EINE ZÄRTLICHE HAND AUF
DEINEM KOPF, DU KANNST WIEDER RUHIGER
WERDEN, WIEDER HOFFEN.

Trost ist wie ein gütiges Gesicht in deiner Nähe,
bei dir ist jemand, der deine Tränen versteht,
der auf dein gequältes Herz hört, der bei dir bleibt
in deiner Angst und Verzweiflung und der dich
hinweist auf ein paar Sterne.

WO DAS HERZ
ZU HAUSE IST

Jeder Mensch, der auf die Welt kommt, ist sein
Leben lang auf der Suche nach Geborgenheit. Er will
ein Zuhause finden, ein bisschen Sicherheit und
menschliche Wärme. Wer keine Geborgenheit findet,
ist ein angeschlagener, unglücklicher Mensch, einer,
der sich nicht wohlfühlt in seiner eigenen Haut.
Ein Kind braucht bei Vater und Mutter verlässliche
Geborgenheit. Ein junger Mann sucht Geborgenheit
bei einem jungen Mädchen und umgekehrt.
Zwei Menschen suchen beieinander Geborgenheit
in der Ehe und in der Freundschaft. Der Grund
aller Geborgenheit ist: Liebe.

Verstehst du, wie schrecklich es sein muss, wenn es
im Leben von Menschen keinen gibt, der sie herzlich
und mit offenen Armen aufnimmt? Du kannst nicht
leben, wenn du keinen hast, der dich mag, der sich
um dich sorgt, der etwas für dich empfindet, einen,
dem du dich von Zeit zu Zeit anvertrauen kannst
und bei dem du immer willkommen bist. Du kommst
zwar mit vielen Menschen im Leben zusammen, aber
es sind nur wenige, die in dein Leben eintreten und
deren Leben mit deinem Leben ganz eng vertraut ist.

WAS FÜR EIN SEGEN, WENN ES GUTE
MENSCHEN SIND, MENSCHEN, BEI DENEN
DU GEBORGEN BIST, BEI DENEN DEIN HERZ
ZU HAUSE IST.

TRAURING

Trauring: Zeichen von Liebe und Treue. Treu sein heißt, mit Geist und Sinn und mit dem Herzen auch in schwierigsten Situationen zusammenzuhalten, wenn die ersten glücklichen Tage längst vorüber sind. Was Treue bedeutet, wisst ihr erst, wenn ihr zusammenbleibt und durchhaltet, auch wenn ihr durch einen dunklen Tunnel müsst.

Liebe ist für viele scheinbar ablösbar von Treue. Und doch macht jeder im eigenen Leben und in seiner Umgebung die Erfahrung, dass Liebe ohne Treue in lauter Unglück endet. Untreue ist eine gefährliche Mode. Sie fördert den Auflösungsprozess der allerengsten und allernatürlichsten Bindungen des Lebens.

Liebe und Treue sind Früchte von einem Baum, der manchmal einem Kreuz gleicht. Liebe und Treue müssen gepflegt werden. Sie reifen nur ganz langsam in Sonne und Regen. Doch wenn sie dann reif sind, machen sie das gemeinsame Leben zu einem Fest.

Im Frühling der Liebe ist das Zusammensein ein
Fest. Man ist im siebten Himmel, und man vergisst,
dass jeder Frühling auf einen Herbst zugeht und
durch den Winter hindurch muss, einem neuen
Frühling entgegen.

Liebe und Treue können in Sturm geraten. Es können
Tage kommen, da geht's nicht mehr, da geht nichts
mehr. Durch Dummheit und Versagen ist ein Bruch
entstanden. Durch den Riss dringt die Nacht in
dein Herz und in dein Haus. Dann gibt es nur einen
Ausweg, nur eine Öffnung zum Licht: Versöhnung
und Vergebung. Menschen macht es größte Mühe,
einander unablässig zu lieben. Das ist auch in der
Ehe so. Nach einer ersten Lawine der Beteuerungen
von Liebe bis zum Tod kommt die nüchterne Fest-
stellung, dass man doch nicht jeden Tag aufgelegt
ist, füreinander zu sterben.

LIEBE UND TREUE SIND DIE SCHLÜSSEL
ZU EINEM HAUS, IN DEM DU GLÜCKLICH
UND GEBORGEN BIST.

WENN KINDER AUFTAUCHEN

Hast du nie das Gefühl, dass Kinder sich manchmal wundern, wie unbegreiflich die Großen sind? Wenn Erwachsene sich unterhalten, geht es oft um Zahlen. Wollen sie einen kennenlernen, dann fragen sie, wie viel er besitzt, wie viel er verdient, wie viele Titel er hat, wie viele Beziehungen. Geht es um ein Haus, dann sagen sie bloß: »Eine Million«, und schon können sie es sich vorstellen. Schon wissen sie, was für ein Haus das ist.
Wenn man Kindern von einem Freund erzählt, fragen sie: »Ist er nett? Weiß er lustige Geschichten? Kann man mit ihm schön spielen?«
Geht es um ein Haus, dann interessieren sie die Farbe an der Wand, die Blumen am Fenster, die Vögel auf dem Dach, der Weg zum Spielplatz. Wenn Kinder auftauchen, bekommt alles ein frisches Gesicht voller Farbe, Wärme, Leben. Große Leute verstehen nichts davon. Sie sind nun einmal so. Sie reden vom Verdienen, sie machen sich immer Sorgen um das Geld.

»DARUM MÜSSEN KINDER MIT DEN GROSSEN VIEL GEDULD HABEN«, SAGT DER KLEINE PRINZ.

SICH KÜMMERN

Ich muss nicht meinen, mit der Liebe sei ich fertig,
wenn ich keinem etwas Böses tue und jeden leben
lasse. Wenn bei mir alles wohl versorgt und gut
gesichert ist unter der gläsernen Glocke meiner
privaten Sphäre. So leiste ich meinen Beitrag zu der
großen Gleichgültigkeit, durch die das Miteinander
von uns Menschen verkümmert.

Will ich wirklich lieben, muss ich mich um andere
kümmern: aufmerksam, einfühlsam, erfinderisch.
Sich um andere Menschen kümmern, das reißt mich
aus meiner Enge heraus. Ich darf mich davor nicht
drücken, auch dann nicht, wenn meine schönen
eigenen Pläne, wenn meine Ruhe und Behaglichkeit
dadurch gestört werden.

SICH UM ANDERE KÜMMERN IST DIE FRUCHT VON ECHTER LIEBE.

Es kann schwerfallen und weh tun, aber es
führt wunderbare Gaben mit sich. Es bringt Leben
und Farbe in mein Dasein und manchmal, in glücklichen Augenblicken, ein Gefühl unermesslicher
Dankbarkeit.

SICH UM ANDERE KÜMMERN
IST EIN VORGESCHMACK
VOM PARADIES.

DER BESTE TROST IN DER NOT

Du kannst alles aushalten, wenn ein Freund an
deiner Seite steht, auch wenn er nichts weiter
tun kann als ein Wort sagen oder eine Hand
hinhalten. Ein Freund in deinem Leben ist wie Brot
und Wein – eine Wohltat. Ein Freund in deinem
Leben ist der beste Trost in aller Not. Ein Freund
ist wahre menschliche Güte, in der du ein Zeichen
göttlicher Güte spürst.

Warum rief der Mann an einem Sonntag an:
»Ich bin verzweifelt. Ich will nicht mehr leben.
Ich habe alles Ersparte dem Psychiater gegeben,
dann dem Apotheker für Tabletten, und wenn
die zu Ende sind, ist alles wieder wie vorher.«

Warum sagte die Frau an einem Donnerstag:
»Erzählen Sie nichts, ich mache etwas Dummes.
Ich habe vier Kinder. Ich habe alles, aber ich habe
das Leben satt.« War denn keiner da, kein Freund,
keine Freundin, die ihnen Mut machten,
als alles ins Wanken geriet?

Ganz einfache menschliche Zuwendung und Güte,
darauf kommt es an, dass ein verzweifelter Mensch
wieder Halt und Hoffnung findet.

FREUNDSCHAFT

Die Liebe der Freundschaft.
Eine Liebe, die zum Licht führt,
zum Frieden, zu tiefer Freude.
Sie will nichts für sich haben.
Sie will den anderen frei lassen.

Auch wenn sie in leiblicher Nähe zum Ausdruck
kommt, bleibt sie rein von allem Egoismus.
Wer den anderen wie eine Sache besitzen will,
für sich allein, zur eigenen Befriedigung,
richtet zugrunde, den er zu lieben behauptet.
Er zerstört die Freundschaft. Zu einer ganz
lauteren Freundschaft wird man wohl nie
imstande sein, aber immer muss man auf dem
Weg dahin sein.

ICH GLAUBE AN DEN MENSCHEN,
UND DABEI BLEIBE ICH,
SO WIE ICH AN DIE NATUR GLAUBE
UND DABEI BLEIBE,
WENN ICH SEHE, WIE IN DER WÜSTE
EINE KLEINE BLUME BLÜHT.

KEINE KATASTROPHE!

Du wirst ganz schön alt werden, wenn nicht ein
tödlicher Unfall oder Herzinfarkt oder eine
schwere Krankheit auf deinem Kalender stehen.
Aber was hast du davon, wenn mit dem Alter
alle Plagen Ägyptens Einzug halten: Schmerzen
im Kreuz und Rheuma in den Gliedern,
jeder Schritt eine Qual, das Gedächtnis schlecht,
die Augen fast blind, die Ohren fast taub.

Und das Schlimmste: die Einsamkeit. Das liegt zum
großen Teil auch an dir selbst. Du musst lernen,
alt zu werden. Alt werden ist keine Katastrophe.
Deine alten Tage müssen keine Unglückstage sein.

LERNE ALT WERDEN
MIT EINEM JUNGEN HERZEN.
DAS IST DIE GANZE KUNST.

EIN JUNGES HERZ

Wir haben ein junges Herz,
solange wir das Leben gern haben,
wie es sich jeden Tag präsentiert,
das Leben mit seinen guten und
mit seinen schlechten Seiten.

Wir haben ein junges Herz,
solange wir die Menschen gern haben
und solange wir ihnen alles gönnen,
was wir selbst vielleicht vermissen.

Wer mit einem jungen Herzen alt wird,
der weiß mit einer stillen Fröhlichkeit
die vielen kleinen und großen Beschwerden
der alten Tage anzunehmen.

Er weiß um den Sinn des Lebens
und des Sterbens.
Er weiß, wie »kurz« und wie »klein«
alles auf dieser Erde ist.

UND ER HAT HOFFNUNG
AUF »EWIGES LEBEN«.

ÖFFNE DICH WIE
EINE BLUME IN DER SONNE.
WERDE WIE EIN KIND:
EINFACH, SPONTAN, FRÖHLICH.
SEI KEIN FASS, DAS VON
PROBLEMEN ÜBERLÄUFT.
DU KANNST DOCH
AUCH LACHEN.

GEH IN DEN WALD

Der Kalender voller Termine, von einer Verabredung
zur anderen hetzen? Geh in den Wald!

Lebensmüde und kaputt, erdrückt von tausend
Dingen, die nicht nötig sind? Geh in den Wald!

Da ist Frühling. Da warten die Bäume auf dich.
Herrliche Bäume, die schweigend von der
Stille zehren und von dem Saft, der bis in die
letzten Zweigspitzen steigt. Da singen die Vögel
für dich. Wo bleibst du, um ihnen zu lauschen?
Da findest du Ruhe, unsagbaren Frieden.
Leg dich unter einen Baum, steck einen Grashalm
in den Mund und genieße seliges Nichtstun.
Dann kommen die besten Gedanken und die
schönsten Träume über dich. Geh in den Wald!

DA BEKOMMST DU EINEN KLAREN KOPF,
EINE RUHIGE SEELE UND EIN FRIEDLICHES
HERZ.

Und du sagst zu mir: Wenn ich das doch könnte!
Und ich antworte dir: Du bist ja schon unterwegs!

DAS WICHTIGSTE

Gut sein setzt ein gutes Herz voraus,
die Bereitschaft, sich für andere einzusetzen
und dabei sich selbst zu vergessen.

Laut ertönt immer wieder der Ruf nach Reformen,
aber die vielen Erneuerungsreden sind wie Nebel-
schwaden, die sich in Luft auflösen. Die Menschen
im Alltag haben nichts davon. Die große Welt hat nur
einen Blick für die großen Dinge. Gefragt sind nicht
dein Gutsein, deine Einfachheit und Ehrlichkeit,
sondern deine Examen und Diplome, dein Ehrgeiz,
deine Funktionen. Gefragt sind Leistungsvermögen
und Wirtschaftspotenzial, nicht menschliche Gefühle
wie Mitleid, Verständnis, Sorge für andere, Aufmerk-
samkeit für Menschen in Not.

Lass dich nicht entmutigen. Werde ein guter Mensch.
Dann wird das Stückchen Welt, in dem du lebst, doch
ein besseres Stückchen Welt.

MENSCH SEIN, EIN GUTER MENSCH SEIN,
DAS IST DAS WICHTIGSTE IN DIESER WELT.

DIES SIND DIE FRÜCHTE
DES GEISTES:
LIEBE, FRÖHLICHKEIT,
FRIEDE, GEDULD,
FREUNDLICHKEIT,
GÜTE, TREUE, SANFTMUT,
GELASSENHEIT UND
EINFACHES WESEN.

DIE FRÜCHTE DES GEISTES

Ich bin entsetzt über die Ohnmacht der Menschen,
sich gegenseitig zu verstehen, einander zu lieben,
miteinander glücklich zu werden.
Medien verabreichen täglich eine Überdosis von
Sensationen und Katastrophen. Konferenzen
suchen vergeblich nach Verständigung.
Keiner scheint willens, Frieden zu stiften durch
Versöhnung. Keiner scheint bereit, sich selbst
zu ändern. Jeder will beim anderen anfangen.
Jeder will anklagen, Rechenschaft fordern,
zur Verantwortung ziehen. So sind wir in Babel
gelandet. So sind wir vom Geist Babels besessen,
vom Geist der Verwirrung und Finsternis.
Können wir nicht versuchen, Stille zu schaffen,
den Geist des Lichtes zu suchen, den Geist der
Liebe, den Geist Gottes? Wenn er anfängt,
in unseren Herzen zu wohnen, werden wir auch
seine wunderbaren Früchte ernten.

MENSCH,
ICH HAB DICH GERN

Ein seltsames Wort: Mensch, ich hab dich gern.
Glauben wir das, freuen wir uns darüber?
Oder halten wir das für eine Illusion, eine Utopie?

Ich glaube an einen neuen Weltfrühling.
Dann werden die Menschen ihre Waffen weglegen
und zum sichtbaren oder unsichtbaren Feind rufen:
»Mensch, ich hab dich gern. Ich kann dich doch nicht
umbringen. Ich kann dir doch nichts Böses tun.«

Ich glaube an ein Meer ungeahnter Möglichkeiten.
Dann werden die Reichen sich ihres Reichtums
schämen, Besitz und Macht niederlegen, zu den
Armen gehen und sagen: »Mensch, ich hab dich gern.
Vergib mir! Ich nahm zu viel für mich.
Ich will mich zu dir an deinen Tisch setzen,
mit dem gemeinsamen Brot darauf und
mit Blumen des Friedens in der Sonne.«

Ich glaube an das Wunder, dass wir in jedem
Haus, in jeder Straße, in jeder Stadt einander
sagen: »Mensch, ich hab dich gern.
Ich will alle bitteren Worte aus meinem Mund
weglegen und mein Herz mit Güte füllen und
meine Hände mit Freundschaft.«

SAG ES WEITER MIT WORTEN
ODER OHNE WORTE.

SAG ES MIT EINEM LÄCHELN,
MIT EINER GESTE DER VERSÖHNUNG,
MIT EINEM HÄNDEDRUCK,
MIT EINEM WORT DER ANERKENNUNG,
MIT EINER UMARMUNG,
MIT EINEM KUSS,
MIT EINEM STERN IN DEINEN AUGEN.

SAG ES WEITER MIT TAUSEND
KLEINEN AUFMERKSAMKEITEN,
JEDEN TAG AUFS NEUE:

»MENSCH,
ICH HAB DICH
SO GERN.«

Herzenswärme von
Phil Bosmans

112 Seiten | Gebunden
ISBN 978-3-451-39917-6

Phil Bosmans nimmt den Leser mit auf eine Reise durch
verschiedenste Facetten des Glücks von Freundschaften und
Liebe. Seine bunten und geistreichen Gedanken regen zum
Nachdenken an und wecken das stille Feuer, das in jedem von
uns lebt.
Inspirierende Texte, die den Alltag mit Zuversicht füllen.

In jeder Buchhandlung!

HERDER

www.herder.de

GESCHENKT

Ein Baum weiß, wann der Frühling kommt. Auch die Menschen wissen das, die mit der Natur wirklich verbunden sind, denn sie fühlen das Geschenk des Lebens. Die meisten Menschen wissen und fühlen das nicht mehr. Sie wissen nur noch, wann die Lohn-überweisung kommt und was sie noch alles kaufen müssen.

WER SICH MIT WENIG ZUFRIEDENGEBEN KANN, WIRD MEHR ERHALTEN, ALS ER ER-WARTET. ALLES, WAS ER ERHÄLT, WIRD WIE EIN WUNDER SEIN. IHM WERDEN DIE WUNDER DES LEBENS GESCHENKT.

Wer alles haben will, wird niemals zufrieden sein. Das Leben macht ihm keine Freude. Er ist ein Vogel mit zu schweren Flügeln. Er wird niemals zur Sonne fliegen können.

MENSCH,
ICH HAB' DICH GERN

Es ist kein zweiter so wie du.
Einzigartig bist du, einmalig,
ganz ursprünglich und unwiederholbar.
Du glaubst es nicht,
aber es ist kein zweiter so wie du
von Ewigkeit zu Ewigkeit.
Und jeder Mensch, den du gern hast,
bleibt kein gewöhnlicher Mensch.
Eine seltsame Anziehungskraft
geht von ihm aus.
Irgendwie wirst du anders durch ihn.
Zu ihm kannst du sogar sagen:
Meinetwegen musst du nicht
unfehlbar sein,
ohne Fehler und vollkommen, denn:
Ich hab' dich doch gern.

DER EINZIGE SCHLÜSSEL

Liebe ist der einzige Schlüssel,
der zu den Türen des Paradieses passt.
Es liegt ein Stückchen Paradies
in jedem Lächeln, in jedem guten Wort,
in der Zuneigung, die du verschenkst.
Es liegt ein Stückchen Paradies
in jedem Herzen, das für einen
Unglücklichen zum rettenden Hafen wird,
in jedem Zuhause mit Brot und Wein
und mit menschlicher Wärme.
Es liegt ein Stückchen Paradies
in jeder Oase, wo Liebe blüht
und Menschen Mensch geworden sind,
füreinander Brüder und Schwestern.
Gott hat seine Liebe in deine Hände gelegt
wie einen Schlüssel zum Paradies.

Es gibt Menschen,
die haben ein Herz aus Gold.
Alles, was sie tun, ist geprägt
von ihrer Herzlichkeit.
Und es gibt Menschen,
in denen tief das Misstrauen sitzt.
Nie tun sie, was das Herz ihnen eingibt.
Die Stimme ihres Herzens ist verstummt.

DAS HERZ DES MENSCHEN –
EIN WINZIGER FLECK
AUF UNSEREM GROßEN PLANETEN.
ABER HIER KOMMT DIE LIEBE ZUR WELT.

IHR GROSSEN,

hört einmal auf die Kinder!
Ihr habt zu lange auf Experten und Funktionäre,
Direktoren und Generäle gehört.
Ihr habt zu lange an Besitz und Macht,
an Wohlstand und Waffen geglaubt.
Alles wird neu, wenn wir auf Kinder schauen,
denn ein Kind enthüllt,
was uns die Welt vergessen lässt:
das Wunder von allem, was lebt.

IHR GROSSEN,

empfangt die Augen eines Kindes,
um das Leben anders zu sehen.
Empfangt den Traum eines Kindes
nach dem verlorenen Paradies.
Empfangt das Lachen eines Kindes
und seine Freude an den kleinen Dingen.
Empfangt das Herz eines Kindes,
um an die Liebe der Menschen zu glauben.

OPTIMISTEN

Optimisten sind seltsame Wesen. Wenn das Land voller Disteln steht, finden sie immer noch irgendwo eine Blume. Wenn alles verdorrt und zur Wüste geworden ist, sind sie die seltenen Vögel, die eine Oase aufspüren.

Wenn Optimisten den breiten Strom der Pessimisten kreuzen, bekommen sie plötzlich andere Namen: Spinner, die an der Wirklichkeit vorbeileben; Naive, die keine Ahnung haben; Träumer, die Utopien nachhängen. Pessimisten nennen sich selbst Realisten, die mit beiden Beinen auf dem Boden der Wirklichkeit stehen, aber eigentlich stecken sie fest im Dreck der Welt und sitzen so tief im Schatten, dass sie von der Sonnenseite des Lebens nichts mehr sehen. Optimisten machen sich auf den Weg. Sie sind auf dem Weg zur anderen Seite, zur Sonnenseite. Zu dem Land, wo man leben und überleben kann. Optimisten glauben an die Früchte des Geistes: Liebe, Friede, Freude, Geduld und Treue, Freundlichkeit und Güte. Die Pessimisten haben von diesen Früchten niemals gegessen und sterben, lange bevor sie tot sind. Nur die Optimisten werden überleben!

HUMOR MACHT VIELE DINGE RELATIV.
Was riesengroß erscheint, wird lächerlich klein.
Was furchtbar schwer erscheint, verliert die bedrückende Last.
Humor macht manches möglich, was unmöglich erscheint.
Manches Ungewitter geht vorbei ohne Donner, Blitz und Hagelschlag.

HEILBARE TRAURIGKEIT

Es gibt eine Traurigkeit, die kommt, wenn wir zu sehr
an uns selbst und an materiellen Dingen kleben.
Wir sind bitterböse über Menschen, die uns scheinbar
zu wenig beachten. Wir werden eifersüchtig bei dem
Gedanken, was andere alles haben, wieviel mehr als
wir. Wir fangen an, uns zu bedauern: Wie schwer doch
alles ist und wie schlecht es gerade uns geht!

Dabei gibt es so viele Bäume und Blumen, so viele
Vögel und Schmetterlinge, so viele Wiesen und Wälder
und so viele Wunder um uns herum, die nur darauf
warten, einen Menschen von seiner Traurigkeit zu
heilen. Lerne die Namen der Bäume und Blumen,
die Namen der Vögel und Fische und den Namen
Gottes. Öffne deinen Geist für das Licht.

ÖFFNE DEIN HERZ FÜR DIE FREUDE.

WER MENSCHEN FROH MACHEN WILL,
MUSS FREUDE IN SICH HABEN.

WER WÄRME IN DIE WELT BRINGEN WILL,
MUSS FEUER IN SICH TRAGEN.

WER MENSCHEN HELFEN WILL,
MUSS VON LIEBE ERFÜLLT SEIN.

WER FRIEDEN AUF ERDEN SCHAFFEN WILL,
MUSS FRIEDEN IM HERZEN GEFUNDEN HABEN.

MÜDE

Montag morgen im Zug.
Die Menschen sitzen da
und dösen ihrer Arbeit entgegen.
Sie sehen so müde aus,
und sie müssen zur Arbeit.
Warum sind sie am Morgen so müde?
Die Sonne geht auf.
Die Sonne ist nicht müde.
Die Vögel fliegen
und flattern in den Sträuchern.
Die Vögel sind nicht müde.
Auf dem Bahnsteig lachen zwei Kinder.
Die Kinder sind nicht müde.

Nur die großen Menschen sind müde
und dösen ihrer Arbeit entgegen.
Der Schlaf ist wie ein Liebhaber,
der abgewiesen wurde,
der am Abend anklopfte
und nicht hereingelassen wurde.
Jetzt verfolgt er die Menschen am Morgen.
Liebe Menschen, wenn ihr dem Schlaf
nicht seine Stunden gönnt,
wird er am Ende entmutigt ausbleiben.
Ihr werdet nach Schlaf rufen,
und der Schlaf kommt nicht mehr.
Dann werdet ihr Tabletten kaufen
für die Ruhe, die der Schlaf
euch gratis gab.

© Verlag Herder GmbH, Freiburg im Breisgau 2019
Hermann-Herder-Straße 4, 79104 Freiburg
Alle Rechte vorbehalten
www.herder.de
produktsicherheit@herder.de

Übertragen aus dem Niederländischen: Ulrich
Schütz Neu bearbeitet von Ulrich Sander

Gesamtgestaltung, Satz und Bildredaktion:
Christina Kölsch, www.christinakoelsch.de

Bildnachweis:
antifalten/photocase.com: 19; barbaclara/photocase.com: 53;
Bernd Vonau/photocase.de: 81; iStock/Getty Images/AlexSava: 12; iStock/
Getty Images/Andrey Bukreev: 48/49; iStock/Getty Images/Anegada:
58/59; iStock/Getty Images/borchee: 60/61; iStock/Getty Images/BrianA-
Jackson: 46/47; iStock/Getty Images/Dhoxax: 36/37; iStock/Getty Images/
francescoch: 27; iStock/Getty Images/Hakase: 44/45; iStock/Getty Images/
IakovKalinin: 14/15; iStock/Getty Images/IgorKirillov: 40/41; iStock/
Getty Images/ipopba: 54/55; iStock/ Getty Images/iTref: 30; iStock/Getty
Images/Jeff_Hu: 23; iStock/Getty Images/krystalwares: 50; iStock/Getty
Images/lvenks: 67; iStock/Getty Images/Mlenny: 63; iStock/Getty Images/
pixdeluxe: 42/43; iStock/Getty Images/ranmaru: 38/39; iStock/Getty
Images/swkunst: 34/35; iStock/Getty Images/tihomir_todorov: 28/29;
iStock/Getty Images/triggerpics: 33; iStock/Getty Images/VIDOK: 20;
iStock/Getty Images/Weedezign: 24/25; iStock/Getty Images/wepix: Cover;
iStock/Getty Images/yangphoto: 56/57; iStockphoto/Getty Images/123du-
cu: 75; iStockphoto/Getty Images/AleksandarNakic: 76/77; iStockphoto/
Getty Images/galdzer: 87; iStockphoto/Getty Images/Kerrick: 88; iStock-
photo/Getty Images/koi88: 72; iStockphoto/Getty Images/ooyoo: 70/71;
iStockphoto/Getty Images/Rike: 78/79; iStockphoto/Getty Images/
zhongguo: 91; iStockphoto/Getty Images/Nikada: 85; krueger-jessica/
photocase.de: 92/93; Niklas Leuthold/photocase.de: 8/9; weise_maxim/
photocase.com: 16, 64/65; willma.../photocase.com: 66

Bildnachweis Leseprobe:
Beate-Helena / photocase.de: 104/105; iStockphoto/Getty Images/
ginosphotos: 107; melrose/photocase.de: 99; Miss X/photocase.de: 103;
riskiers/photocase.de: 96; Weigand/photocase.de: 100

Herstellung: Graspo CZ a.s., Zlín

Gedruckt auf umweltfreundlichem, chlorfrei gebleichtem Papier

Printed in the Czech Republic

ISBN 978-3-451-39974-9